Bien éduquer votre chien

Catherine Chambaretaud
Educatrice et comportementaliste animale

Bien éduquer votre chien

Conseils pratiques pour un futur maître et sa famille

Quatrième édition

ACATL *Publishing*
Collection Pratique
www.acatl.fr

ACATL *Publishing*

INTRODUCTION _______________________________________7

Se préparer à éduquer son chien ______________________11

    Qui est le chef de la meute ? _______________________11

    Quand commencer l'éducation du chien ? ___________11

Les besoins de votre chien ___________________________13

    A quel moment commence le rôle du maître ? ______14

    Ne pas céder à toutes ses demandes _______________15

    Appeler/rappeler votre chien ______________________16

Développer la relation maître/chien __________________19

    Consacrez du temps à votre chien : ________________19

    Les mots-clés _____________________________________21

Votre chien en votre absence ________________________23

    Apprenez à votre chiot à rester seul _______________23

    Votre chien pendant vos absences _________________24

Vos attitudes de maître _____________________________25

    Motivation ____25

    Comment récompenser votre chien ________________25

    Ne vous fâchez pas ________________________________25

Votre chien et le monde _____________________________27

    Socialisation du chiot ______________________________27

Problèmes courants _________________________________29

    Mon chien saute sur les visiteurs __________________29

    Comment détecter qu'un chien s'apprête à mordre ? ___30

    Lire les signes avant-coureurs _____________________31

Soins et stérilisation de son chien ___________________33

    La stérilisation ____________________________________33

    L'hygiène ____34

      Le Poil ____34

Le nettoyage____35
Les oreilles ____36
Les yeux ____36
Les griffes ____37
Les dents____38
Prévention des tiques, puces & leishmaniose _____________38
Vermifuger son chien ____________________________________39

L'alimentation ______________________________________**41**

CONCLUSION____**45**

ANNEXE 1 : OUVRAGE DU MEME AUTEUR ___________**47**

ANNEXE 2 : APPORTS ACADEMIQUES ______________**48**

INTRODUCTION

Eduquer son chien, c'est s'éduquer soi-même.

Ma vie avec les chiens a commencé avec deux Bouviers des Flandres... magnifiques chiens, dont l'attachement pour leur maître m'a totalement séduite.

Parce que ce sont des chiens puissants et que les maîtriser a été nécessaire pour avoir une vie harmonieuse, je suis entrée à l'école Canine, **El Castillo Blanco, à Malaga en Espagne**, pour y recevoir un enseignement d'**Educateur Canin-Eleveur**. A cette époque, mon but était de mieux comprendre mes chiens, de les éduquer, et pourquoi pas, d'aider d'autres maîtres dans leur quotidien, voire d'autres chiens dont la vie n'a pas toujours été facile...

C'est ainsi que je croisai sur mon chemin un couple britannique qui dirigeait une résidence canine. Nous avons sympathisé et une collaboration active entre *dogs lovers* a commencé :

- Apprendre à gérer une résidence canine et à s'occuper des chiens. C'était la base.

- Socialiser et éduquer des chiens en difficulté voire en détresse physique et psychologique suite à un abandon ou à de mauvais traitements. C'était le plus passionnant.

Mon rôle a été de m'occuper de ces animaux et surtout de leur offrir une opportunité de retrouver un foyer d'accueil, en leur redonnant confiance. Confiance d'abord en eux-mêmes et ensuite en l'humain dont la main n'avait pas toujours prodigué que des caresses. Pour certains, il était crucial de leur donner une éducation surtout pour les plus imposants. Il est en effet beaucoup plus facile de trouver une famille à un petit chien sociable qu'à un molosse imprévisible.

Si l'animal peut marcher en laisse sans emporter son maître, s'il obéit aux ordres premiers tels que *assis*, *stop* ou *couché*, il a plus de chance de se faire apprécier et d'être adopté. L'essentiel, pour le maître comme pour le chien, est de réussir à bien vivre au quotidien. La place du chien doit être comprise et perçue comme celle d'un compagnon, d'un fidèle ami présent dans tous les instants et jusqu'au bout du chemin.

C'est la première étape dans l'éducation canine que je nommerai « classique ». Elle consiste à connaître les méthodes fondamentales pour éduquer un chien dans des conditions optimales.

L'étude du comportement et de la psychologie de l'animal à éduquer permet d'adapter son enseignement à la personnalité, au caractère et aux antécédents plus au moins traumatiques de l'animal.

L'équilibre physique et psychologique du chien passe en outre par une alimentation essentielle de carnivore et des soins spécifiques qu'il doit recevoir et qui contribueront à son bien-être.

J'ai donc ensuite confronté vingt ans de pratique essentielle à des apports académiques substantiels (détaillés en annexe 2) dans les domaines suivants :

- **Comportementalisme et Bien Etre animal**
  Université d'Edimbourg, auprès du Professeur *Nat Warren*
- **Ethologie :**
  Université d'Edimbourg, auprès du Professeur *Nat Warren*
- **Psychologie animale :**
  Université de Duke en Caroline du Nord, Professeur *Brian Hare*
  Académie d'Edimbourg, Professeur *Dan Morgan*
- **Nutrition, Soins et Premiers Secours :**
  Académie d'Edimbourg, Professeur *Dan Morgan*

L'éducation résultant tant de la pratique que de ces apports est ce que propose désormais le ***Logis de la Petite Meute.*** Enrichie par les résultats des recherches les plus récentes, cette pratique personnelle et professionnelle associe l'étude du comportement de l'animal à celle de sa psychologie et de ses antécédents (traumas).

Vous trouverez à la fin du présent ouvrage le résumé du contenu des programmes certifiants correspondants. Je vous invite pour plus de détails à découvrir notre site

Tout problème a sa solution, votre chien a juste besoin d'être aidé, car chaque manifestation qui vous semble à vous, en tant que maître, inacceptable, désordonnée, destructive… n'est rien d'autre que la façon que votre chien a de communiquer avec vous.

Nos solutions sont donc adaptées à l'animal et à son environnement dans le respect du bien-être et de son rythme propre. Chaque cas est un cas particulier qui demande la mise en place d'un dispositif d'éducation personnalisé privilégiant le développement de votre relation particulière de maître à chien.

Le présent document vous guide dans ce processus sans se substituer aux conseils professionnels ou à une éducation dirigée.

Il est devenu le pense-bête que reçoivent les propriétaires de chiens qui suivent nos préceptes en éducation canine et qui reprend schématiquement les bases de l'éducation transmise à votre chien.

Catherine Chambaretaud

https://www.lelogisdelapetitemeute.acatl.fr/

Se préparer à éduquer son chien

Je vous propose donc à partir de maintenant de lire les lignes qui suivent en vous glissant dans votre nouveau rôle de maître.

Qui est le chef de la meute ?

Lorsqu'on décide de partager sa vie avec un chien, il est important de garder à l'esprit que l'humain est le maître et que le chien doit garder sa place d'animal quelle que soit sa taille, sa race ou ses particularités. Le dominant, le chef de meute ce sera vous, l'humain.

Pour cela, il est important de respecter quelques règles et je vous assure que la dérive peut être rapide et se faire à votre insu. Cette situation est très handicapante pour vivre en harmonie avec son chien. Si c'est la première fois que vous envisagez de prendre un chien comme compagnon, informez-vous sur les nouvelles situations qui vous attendent et ce, avant d'accueillir votre animal.

Quand commencer l'éducation du chien ?

L'éducation de votre chien commence le jour où il entre dans votre vie. Chiot, vous commencerez par des petites choses simples et son éducation évoluera au fur et à mesure qu'il grandira. On peut éduquer son chien à tout âge. Et certes, il est préférable de commencer le plus tôt possible...

Si vous envisagez une adoption au refuge par exemple, les chiens ont souvent déjà quelques années. Ils ont donc une histoire et, tristement, ont subi des traumas. Sachez qu'éduquer un chien est cependant toujours possible. Il suffit de s'adapter aux circonstances : parfois il faudra faire preuve de plus de tolérance, d'indulgence, de calme, d'imagination, de patience et prendre le temps... Dès que vous aurez gagné la confiance de votre nouveau compagnon alors oui, vous pourrez l'éduquer et vous y prendrez tout autant de plaisir que lui.

Dans de telles circonstances particulières, je vous recommande une consultation chez un éducateur canin/comportementaliste. Pour éviter des erreurs, il est essentiel de considérer le passé du chien et d'adapter l'éducation en fonction de son vécu.

Les besoins de votre chien

Votre chien doit être correctement nourri, notamment avec des croquettes adaptées à sa taille et en quantité suffisante pour couvrir ses besoins énergétiques quotidiens.

Vous lirez souvent que vous devez donner à votre chien adulte, sa quantité de nourriture en une fois, le soir. En réalité, lui donner sa ration journalière en deux fois est préférable pour son estomac. Ne le laissez pas toute la journée « sans énergie » : un chien qui a faim est nerveux et enclin à faire des bêtises. Les chiots, quant à eux, doivent avoir plusieurs rations ...

Les chiens qui ont souffert de la faim doivent reprendre confiance et reprendre un équilibre alimentaire adapté à leur cas ; cela peut demander beaucoup de temps !

Un chien qui « travaille » doit avoir l'estomac vide pour éviter une torsion d'estomac. Certaines races sont plus sensibles que d'autres, et évitez le ventre plein, de le faire sauter, courir, de le promener ... même pour une balade en forêt ...

Laissez toujours à sa disposition un grand bol d'eau fraîche, propre et changée tous les jours. Si vous avez un chiot, prévoyez plusieurs bols d'eau car il pourrait jouer avec et le renverser.

Prévoyez un endroit chaud et propre pour son couchage. S'il a un jardin à disposition, son espace doit être protégé des intempéries et du soleil. Votre chien, selon sa taille, aura besoin non seulement d'un espace dans la maison mais surtout d'un espace extérieur. Un chien de taille moyenne ou grande doit pouvoir disposer d'un jardin car il aura besoin de dépenser son énergie : un chihuahua et un Terre-Neuve n'auront pas les mêmes besoins ni la même énergie à dépenser.

Il est important que votre animal puisse exprimer son comportement naturel d'animal.

Votre chien ne doit pas souffrir d'inconfort ou de détresse et doit bénéficier des soins appropriés (hygiène, protection antiparasitaires, soins médicaux...).

Un chien doit avoir une relation avec son maître : jeux, câlins, promenades, éducation … bref de partager sa vie.

A quel moment commence le rôle du maître ?

A votre retour à la maison, vous allez passer du temps avec lui, il est mignon, c'est une jolie petite peluche, bref vous allez craquer… Mais attention à la première nuit. Il faudra lui préparer son coin pour dormir, un couchage protégé, au chaud et confortable.

Délimitez son espace, pour qu'il se sente rassuré, un petit parc est idéal. Surtout ne le mettez pas dans votre chambre. Prévoyez qu'il va faire ses besoins.

Dès que le chiot/chien passe le seuil de votre maison/territoire, c'est à ce moment-là que commence votre rôle de maître.

Il a été séparé de sa mère, de ses frères et sœurs, et inévitablement, il pleure ! Ce sera sa première demande de chiot : rester avec vous… Il va pleurer, plusieurs heures durant et là vous ne devez pas céder. Si vous le faisiez, vous commenceriez à perdre ! Vous n'aideriez pas votre chiot et surtout vous vous prépareriez un futur agité.

Le sevrage de l'animal est la phase dite de « séparation de la mère », la mère envoie des signaux au chiot et le repousse. C'est la fin de l'allaitement. C'est une phase progressive. Le chiot va se détacher de sa mère, c'est une étape qui a lieu en moyenne et théoriquement deux mois après la naissance. Elle peut néanmoins être prolongée jusqu'à l'âge de trois mois. Certains chiots sont plus précoces que d'autres.

Certains éleveurs ne séparent pas les chiots avant leurs trois mois ; leurs chiots sont alors généralement résistants et mieux équilibrés que d'autres, sevrés trop tôt, car les étapes se sont déroulées en respectant le rythme naturel des chiots.

Le changement d'environnement pour le chiot s'accompagne donc, les premières nuits, de pleurs. C'est normal. Préparez-vous et soyez fermes.

Ne pas céder à toutes ses demandes

Donc dès la première nuit, votre rôle de maître débute, votre chiot pleure, mais il finira par se calmer et il s'endormira, exténué. La deuxième nuit, il recommencera... et finalement très rapidement c'est-à-dire quelques jours, il ne pleurera plus car il aura compris que vous n'allez pas venir le chercher et que sa place est là où vous avez décidé qu'elle serait.

Vous avez pris la situation en main.

Cette attitude est celle que vous allez devoir adopter tout au long de sa croissance jusqu'à sa maturité.

Certes, lorsque votre chiot vous regardera, vous vous attendrirez mais soyez vigilants, et surtout posez bien les limites dès le départ.

Le maître est celui qui est à l'initiative des actions vis-à-vis du chien et non l'inverse. Vous allez devoir apprendre à repousser votre chien, à l'ignorer, à ne pas le regarder afin de lui inculquer ces notions et de préparer ainsi le comportement correct qu'il doit adopter.

Sans quoi vous allez créer, sans le savoir, un attachement excessif, voire exclusif à son maître et le résultat pourrait être désastreux dès qu'il ne sera plus avec vous.

Exemple 1 : Votre chien vous sollicite à table

Vous allez prendre votre petit déjeuner et votre chien vous sollicite pendant que vous êtes à table... vous allez le repousser gentiment de la main, assorti d'un « stop ». Après quelques temps, le chien ne viendra plus quémander pendant que vous êtes à table. Dès que vous aurez terminé de prendre votre petit déjeuner, vous pourrez l'appeler et lui faire des caresses. Il sera content, il viendra à votre initiative, et vous serez content et chacun sera à sa juste place.

Tant que votre animal n'est qu'un chiot, ne lui donnez aucune autre nourriture que la sienne. Sinon, vous prendriez le risque de lui causer des diarrhées et de lui faire prendre une mauvaise habitude.

Un chien peut être très insistant, alors tenez bon. Il finira par comprendre et plutôt que de répéter « non », ignorez-le tout simplement. Il reconnaitra très vite vos codes.

Exemple 2 : Votre chien vous saute dessus

Votre chiot vient vers vous en vous sautant dessus, repoussez-le dès qu'il est petit assorti d'un « non » ... et vous pouvez l'aider à s'asseoir, ensuite caressez-le. Répétez ce mode opératoire systématiquement.

Petit c'est mignon, mais il va grandir ! Et il apprendra très vite.

Appeler/rappeler votre chien

Dès son plus jeune âge, appelez votre chien. Très vite il apprendra son nom, et vous allez attirer son attention, mais le nom seul ne suffit pas, il faut l'accompagner d'un complément, vous préparez ainsi son apprentissage et il comprend ce que vous attendez de lui.

A ce stade il ne s'agit pas de le faire obéir mais de lui inculquer des notions.

Exemple 3 : Vous appelez votre chien

« Médor, au pied » ou « Médor, ici » ...

N'oubliez pas, vous allez devoir le rappeler à l'extérieur, et si vous avez préparé le terrain ce sera toujours beaucoup plus facile. Bien sûr, félicitez-le dès qu'il répond favorablement.

Lorsque vous pratiquerez le rappel dans le jardin, et je vous conseille vivement de vous y exercer, n'oubliez pas de le motiver et de taper dans vos mains. Prenez un air enjoué et félicitez-le, il le prendra comme un jeu ; même s'il revient en ayant fait un détour... il doit apprendre à son rythme ce que vous attendez de lui.

Ne criez pas, ne vous fâchez pas même s'il a mis cinq minutes avant de revenir sinon vous allez à l'encontre du résultat souhaité et votre chien ne voudra pas revenir parce qu'il ne voudra pas se faire gronder.

Si jamais un jour votre chien fugue et qu'il rentre tardivement, surtout félicitez-le... oui... de revenir. Le gronder ne ferait qu'aggraver la situation et s'il devait fuguer de nouveau il aurait encore plus de mal à rentrer à la maison.

L'apprentissage est la phase où vous allez « apprendre » à votre chien un certain nombre de mots, de situations ou d'attitudes de vie qui seront suivies d'une réaction de sa part.

Si cette phase est tronquée, ou trop rapide, non soutenue ou fantaisiste, vous créerez une confusion dans l'esprit du chien et vous n'obtiendrez pas le résultat escompté. L'assimilation des commandes est une étape cruciale qui préparera ensuite la phase de l'obéissance.

Les exercices doivent être exécutés avec méthode et régularité selon un procédé clair et simple avec l'utilisation des mêmes termes de commandes.

Il est important de le pratiquer dans son quotidien, même si toutes les commandes ne sont pas reprises.

Une séance se termine toujours par un exercice correctement exécuté et par des félicitations à votre chien.

Si l'exercice n'est pas fait correctement, le maître doit recommencer jusqu'à l'obtention du résultat. Si l'exercice a été laborieux, dès la première exécution positive, arrêtez.

Vous devez garder à l'esprit que votre chien ne pense pas comme vous, n'agit pas comme vous, ne raisonne pas comme vous, donc vous devez aussi vous remettre en question si l'apprentissage est réalisé et que vous n'obtenez pas le résultat souhaité, vous devez en parler avec votre éducateur.

Développer la relation maître/chien

Confiance – Respect - Autorité

Comme dans toutes relations, la base d'une bonne relation est le respect, votre chien vous respectera si vous-même vous le respectez.

La confiance : comment gagner la confiance de votre chiot ou de votre chien ? Tout simplement comme vous gagneriez la confiance d'un enfant ou d'un humain c'est-à-dire en passant du temps avec lui.

On part, bien sûr, de l'idée que si vous avez choisi d'avoir un chien, vous allez le considérer comme un être sensible et que vous vous engagez à répondre à ses besoins en tant qu'animal.

Chiot : il est important de lui faire découvrir la maison, le jardin, tous les petits recoins pour qu'il détermine votre/son territoire.

Consacrez du temps à votre chien :

1. **Jouer avec votre animal**

2. **Faites des promenades**

3. **Caressez-le, faites-lui un petit massage, faites-lui des câlins**

4. **Parlez-lui**

5. **Brossez-le même si ce n'est pas nécessaire**

6. **Donnez-lui des friandises (modérément)**

7. **Donnez-lui sa nourriture en quantité suffisante et à heure régulière**

8. **Faites-en sorte qu'il ait toujours de l'eau propre à disposition**

9. **Préparez-lui son endroit pour dormir, toujours propre, sec et chaud**

10. **Soignez-le s'il est malade et tenez-le propre (poils, oreilles, griffes...)**

Donnez-lui un espace vert surtout s'il s'agit d'un chien de taille moyenne ou grande. Un petit chien aime la nature, courir, faire des trous, sa dépense d'énergie sera moindre mais il a besoin également d'espace.

Consacrez-lui du temps et laissez-libre cours à votre imagination.

Vous allez ainsi créer votre relation avec votre chien et « travailler » avec lui ne sera qu'une activité et une activité agréable.

Votre chien vous accordera sa confiance, pour l'attention et les soins que vous lui administrerez, et vous respectera pour ce que vous faites et partagez avec lui.

On parle souvent de reconnaissance des chiens pour leur maître. Elle est très marquée chez les chiens qui ont été abandonnés ou maltraités.

Le chien a besoin d'un chef de meute, qui va contrôler la situation, dans le cas présent ce sera vous.

Le chien percevra votre anxiété, vos peurs, vos doutes, votre manque de confiance en vous, votre fragilité dans la voix.... Cela lui « servira » d'échappatoire et votre chien vous testera !!

Il est indispensable de faire preuve de fermeté avec votre chien et principalement lorsque vous lui donnez un ordre, ne pas confondre fermeté et autoritarisme !!

Fermeté dans l'attitude et dans le ton pour transmettre un ordre. Vous devez faire passer un message que le chien ne peut pas contourner. A vous de vous y exercer.

N'oubliez pas, vous devez être constant, cohérent, ne vous énervez pas, ne criez pas, ne riez pas et ne faites jamais acte de violence sur votre animal ; la relation que vous avez avec lui est fondée sur la confiance et le respect réciproques et non sur la peur et la menace. Y parvenir facilite grandement l'éducation.

Les mots-clés

Le verbe est important… avec votre chien utilisez les mêmes mots dans les mêmes circonstances.

Utilisez des mots clairs, courts et simples, ne faites pas de phrases. Articulez correctement, énoncez les mots avec fermeté, haut et fort, avec un ton posé et sans agressivité.

Ne répétez pas les ordres car ils perdent leurs effets. Le chien n'en tiendra pas compte, c'est à vous de vous affirmer, d'agir pour être entendu et… n'abandonnez pas !

Utilisez-le « non » mais utilisez surtout « stop » l'impact est différent et correspond plus au fait de faire quelque chose plutôt que de ne pas faire quelque chose.

Exemple 1 : « stop » lié aux commandes classiques

« stop, pas bouger », « stop, pas toucher », « stop, assis ».

Exemple 2 : « stop » pas bouger

Votre chien travaille avec vous le « pas bouger » ….

Il se lève, si vous lui dites « non », le chien ne sait pas ce qu'il doit faire mais il comprend qu'il a fait quelque chose qu'il n'aurait pas dû faire.

La question pour lui est « non… à quoi ??? » ; il traversera à ce moment-là un moment de déstabilisation, alors que si vous lui dites « stop », le chien va s'arrêter et aura répondu correctement à votre ordre.

Il vous suffira de reprendre le chien et de le repositionner à sa place initiale, et vous recommencerez l'exercice.

Tashi et Noël sont les permanents de la Petite Meute.

Votre chien en votre absence

Si vous ne voulez pas qu'il pleure, qu'il stresse et qu'il détruise votre maison en votre absence, il est préférable de préparer le terrain.

Apprenez à votre chiot à rester seul

Dès son arrivée, vous allez devoir le laisser seul pour l'habituer à passer ses nuits seul. De même et surtout si vous êtes à la maison, vous allez devoir vous absenter. Commencez par 10 minutes, plusieurs fois par jour, à différents moments de la journée, pour l'habituer à ne pas être avec vous tout le temps.

Ensuite, jouez avec votre chiot. Vous allez ainsi commencer à créer votre relation avec lui qui sera la base de votre vie ensemble. Et en même temps vous lui apprendrez à jouer. De ce fait, lorsque vous serez absent et que vous lui manquerez, il reproduira les séquences de jeu sans détruire tout ce qui l'entoure.

Si vous avez un jardin (entièrement clos), aménagez-lui du temps seul dans le jardin, vous pourrez le surveiller par la fenêtre. Il va s'occuper, découvrir le jardin, des odeurs, des bruits, le temps, le soleil, le vent.

S'il pleure derrière la porte pour rentrer, ne bougez pas, laissez-le faire, il n'est pas malheureux. Pour le faire rentrer vous l'appelez « Médor, ici ».

Il est préférable de prévoir un abri confortable pour lui dans le jardin pour qu'il puisse s'y installer, au chaud et protégé du vent, de la pluie ou du soleil ; il choisira sa place.

Attention il s'agit d'un exercice ! Un chiot ne doit pas rester seul dans le jardin si vous vous absentez de la maison. Evitez toujours un temps de pluie, trop froid ou trop chaud.

Lorsque vous partez, partez rapidement sans cérémonie, dites-lui « je reviens, sois sage » par exemple et c'est suffisant.

Votre chien pendant vos absences

Pour un chien, des absences trop longues du maître sont à éviter surtout si vous le laissez dans un espace limité et fermé. L'idéal serait bien sûr que votre chien puisse disposer d'un jardin.

Un chien doit sortir au moins trois fois à quatre fois par jour durant au moins trente minutes chaque fois, s'il n'a pas de jardin. Un chien de moyenne ou grande taille aura besoin de se dépenser plus.

Le matin, il doit sortir d'une part pour faire ses besoins mais surtout pour libérer son énergie, il passera ainsi sa journée dans de bonnes conditions et vivra votre absence plus facilement. Sans exercice le matin, votre animal sera plus nerveux et si vous le laissez dans votre maison, vous vous exposez à ce qu'il détruise votre intérieur.

Si votre chien ne fait pas ses besoins dans la maison et se retient, à plus ou moins long terme, il risque de développer des problèmes de reins. A votre arrivée vous devez impérativement le sortir ; il est normal qu'il soit très pressé de faire son tour et difficile à contrôler.

Votre chien doit pouvoir s'occuper, laissez-lui sa balle préférée, son gros ballon, sa corde, son os, les jouets avec lesquels il aime s'amuser. Les absences peuvent être longues pour lui et s'il ne joue pas et qu'il ne dispose que d'un espace limité, il pourrait lui venir à l'idée de passer ses nerfs sur les coussins du sofa ou sur les meubles du salon mais il pourrait aussi se mettre à déprimer.

Pour éviter un tel type de comportement, il est important de développer la relation maître/chien.

Vos attitudes de maître

Motivation

Lorsque vous « travaillez » avec votre chien, soyez vous-même enjoué, motivez-le. S'il hésite, intervenez immédiatement. Dites-lui « oui c'est bien mon chien », soyez attentif, suivez-le des yeux, car il cherchera votre approbation et vous pourrez le guider.

Comment récompenser votre chien

Chaque fois que votre chien exécute correctement un ordre, félicitez-le, « c'est bien mon chien », ou faites-lui une petite caresse. Il sera toujours content de vous faire plaisir et vous l'encouragerez ainsi à maintenir l'attitude correcte.

Pour certains exercices vous pouvez vous aider d'une petite friandise durant la phase d'apprentissage mais je vous déconseille de l'utiliser systématiquement : premièrement pour la santé du chien et deuxièmement pour éviter que la friandise soit sa seule motivation.

Ne vous fâchez pas

Si votre chien fait des bêtises et que vous ne l'avez pas pris sur le fait, cela ne servira à rien de vous fâcher, il ne fera pas le lien, sa mémoire est immédiate. Ne dites rien, c'est à vous en tant que maître d'analyser la situation.

Exemple 1 : Constat d'une bêtise passée

Vous rentrez le soir, votre chien a mangé vos chaussures ! C'est du passé ! Le gronder ne sera pas relié au fait qu'il a mangé vos chaussures, le chien n'a pas vos notions et a une mémoire immédiate.

Exemple 2 : Votre chien fait une bêtise devant vous

Vous êtes à la maison, vous le voyez prendre votre chaussure, « Médor, stop », et vous intervenez directement. Il comprendra que « Médor, stop » est en relation avec le fait de prendre votre chaussure.

Exemple 3 : Votre chien a fait ses besoins

S'il est enfermé et qu'il a fait ses besoins, sortez-le dans le jardin, nettoyez, ne dites rien.

Votre chien et le monde

Le chien doit découvrir le monde, les autres chiens, les chats, les enfants, les amis, la famille, les bruits de la ville, les voitures...

Socialisation du chiot

Il est important de le familiariser à toutes les circonstances classiques de la vie afin d'éviter un stress inutile et un comportement imprévu de sa part. Un chien sur la défensive suite à une circonstance qu'il n'analyse pas correctement, est potentiellement dangereux. Pour l'épanouissement de votre chien, l'étape de socialisation est indispensable.

Pour ce faire, votre chien devra rester sous votre contrôle, en laisse, et vous commencerez progressivement, il ne s'agit pas d'aller en plein centre-ville le jour d'une grande manifestation... entre les bruits des voitures, des gens et des activités, votre chien risquerait de se retrouver en état de stress extrême. Evaluez les situations avant de l'y confronter.

Exemple 1 : Promenade au parc

Allez dans un parc un jour où il y a du monde, pour habituer votre chien à voir des gens, à entendre des bruits voire des cris d'enfants (le chien devra être tenu en laisse). Ne laissez personne toucher votre chien sans votre accord, pour le chien et pour la sécurité des personnes.

Exemple 2 : Promenade en ville

Pour l'habituer aux bruits de la circulation, commencez par un jour ordinaire. Plus tard, vous irez un samedi après-midi lorsqu'il y a plus de monde en ville.

Exemple 3 : Promenade dans une zone de travaux

Promenez-le dans une zone de travaux, lorsqu'il y a beaucoup de bruit. Parlez à votre chien, rassurez-le pour qu'il sente votre présence.

Ces exercices sont à recommencer jusqu'à ce que votre chien se sente à l'aise.

Problèmes courants

Autant de chiens, autant de maîtres, autant de difficultés rencontrées... tout problème a sa solution, même si votre cas semble désespéré, ne restez pas résignés, consultez un professionnel qui vous guidera.

Mon chien saute sur les visiteurs

Un chiot saute pour venir dire bonjour, vous le repoussez délicatement car il est petit. Dites : « Médor, pas sauter, assis », ne le caressez pas, aidez-le à s'asseoir et ensuite caressez-le. S'il se lève pour ressauter, vous devez recommencer, et ce, chaque fois qu'il sautera. Ne le caressez pas tant qu'il saute, vous devez lui apprendre un nouveau comportement pour votre confort et celui de vos visiteurs.

Une fois adulte et selon la taille du chien, il sera moins facile d'intervenir mais vous devez le faire, même si votre chien pèse cinquante kilos. Ce comportement n'est pas admissible, vous allez donc le repousser, sans reculer, avec force et dire « Médor, pas sauter, assis ». Une fois assis, prenez un temps, s'il reste bien assis, caressez-le ensuite.

Si pour vous, le comportement est éventuellement acceptable, il est probable que cela ne le soit pas pour la plupart de vos invités. S'il rentre du jardin avec les pattes sales, vous connaissez la suite : vos invités se lasseront vite.

Vous devez également penser aux personnes âgées et aux enfants qui ne pourront sûrement pas résister à un chien de cinquante kilos. C'est la chute assurée.

Certains comportementalistes proposent d'ignorer le chien mais en toute sincérité, d'un point de vue pratique, je ne trouve pas cette solution très efficace ! Lorsque vous attendez des visiteurs, il est important d'anticiper la réaction de votre chien, ce sera plus facile. S'il aboie pour signaler vos visiteurs, rassurez-le : « Médor, tout va bien », faites-le asseoir et félicitez-le, anticipez le fait qu'il puisse se relever et s'il amorce le mouvement intervenez tout de suite « Médor, stop, pas sauter, assis », « c'est bien mon chien ».

Comment détecter qu'un chien s'apprête à mordre ?

Le chien n'a pas fondamentalement envie de mordre. Mordre est son dernier recours pour échapper ou affronter une situation. Chez les humains, ce serait « en venir aux mains ».

Le chien anxieux va modifier son comportement, par exemple il peut commencer à **bailler, cligner des yeux, se lécher la truffe**, ce sont des comportements courants de *déplacement*.

Vous noterez également que **son regard change et vous verrez le blanc de ses yeux**, j'ai déjà noté que des situations telles que celles-ci, mal comprises par l'humain, pouvaient conduire à faire rire. Je vous le déconseille. La vigilance dans l'intérêt de votre chien est essentielle, car, lui, est en train de vivre une situation désagréable.

Si le moyen ou grand chien en impose, le petit chien peut faire rire en effet, mais son stress et son bien-être ont tout autant d'importance et doivent être pris au sérieux. Une morsure de petit chien peut être très douloureuse et handicapante, ne les sous-estimez pas.

Au fur et à mesure que son anxiété augmente, le chien cherche à éviter la situation en **détournant la tête,** si la situation persiste, **il se met à bouger, se déplacer, il va tourner son corps, s'asseoir ou commencer à lever la patte.** Si malgré ces signaux, la situation ne s'améliore pas, **il va chercher à s'éloigner**.

Si le stress de l'animal augmente encore. S'il ne peut pas échapper à la situation, **ses oreilles vont s'aplatir vers l'arrière** et il va **détourner le regard**, il n'est plus en stress mais en situation d'anxiété grandissante. Il peut selon les cas, se coucher, patte en l'air, par exemple chez le vétérinaire. Ce n'est pas un acte de soumission il exprime sa peur et son souhait qu'on le laisse tranquille.

Si, dans la même situation d'anxiété, le chien identifie qu'il doit se défendre, il **se raidit alors et regarde fixement**. Le regarder fixement à votre tour serait une provocation suffisante pour provoquer une attaque.

Le chien, ne mord pas par plaisir. Il mord dans des situations bien précises comme défendre son territoire ou son maitre, défendre sa nourriture (gamelle), se défendre en cas d'agression.

Lire les signes avant-coureurs

Le signe déterminant sera le **grognement** mais c'est encore un moyen de communication. Vous ne devez donc pas vous fâcher, à vous de l'aider dans cette situation et de le soustraire du contexte stressant en douceur. Si la situation persiste il va **claquer des dents**, là vous saurez qu'il est en état d'extrême anxiété et si le message n'est toujours pas compris, alors **il mordra**.

Il y a d'autres signaux vous informant de l'état du chien, un **poil hérissé** par exemple, bien que ce ne soit pas systématique. Une **queue remuante et vibrante** soit le chien est sur le point de courir soit de se battre, si la **queue est haute et vibrante**, il y a aussi une possible menace.

Le contexte dans lequel le chien évolue est à considérer et bien sûr nous parlons d'un chien en bonne condition physique sans trouble physique, neurologique ou génétique.

Votre chien n'a pas à grogner sur vous, si c'était le cas, vous devez impérativement analyser la situation, et ne pas la laisser se détériorer.

Nous avons vu certains des problèmes les plus courants. Il y a bien d'autres situations qu'un maître peut rencontrer. Il y a toujours une solution, parlez-en avec un professionnel spécialisé dans le comportement animal, et ensemble vous pourrez mettre en place les mesures les mieux adaptées pour vous et pour votre chien.

Soins et stérilisation de son chien

La stérilisation

Stériliser son chien, est un choix que vous pouvez être amené à faire dans l'intérêt de votre animal, pour son bien-être et le vôtre. Il est essentiel de comprendre que la stérilisation ne résout en aucun cas un problème lié au comportement.

Si vous envisagez une stérilisation il est évident que vous n'envisagez pas la reproduction pour votre animal que ce soit un mâle ou une femelle. Je vous conseille d'en parler avec votre vétérinaire, dans un premier temps et ensuite vous prendrez votre décision. Il existe deux types de stérilisation : chimique et chirurgicale.

Sachez que la stérilisation chimique est pratiquée pour les mâles comme pour les femelles, les conséquences ne sont pas clairement définies et leurs effets sont limités dans le temps. La stérilisation chirurgicale est irréversible.

Pourquoi faire stériliser son chien ?

Cas 1 : Mâle

La stérilisation va réduire le taux d'hormones, le chien perdra sa sensibilité aux odeurs de femelles et cela limitera ses ardeurs. Le risque de s'échapper de son enclos sera réduit car il perdra l'intérêt de retrouver une femelle aux alentours. Par ailleurs, la stérilisation diminuera son envie de se battre éventuellement avec les autres mâles, surtout si c'était le cas jusque-là.

La stérilisation apportera une vie plus paisible pour le chien et pour la famille. Il y a en outre d'autres avantages pour le chien qui sont à considérer. Un chien stérilisé a moins de risque de développer un cancer des testicules et de la prostate en vieillissant qu'un chien entier.

Cas 2 : Femelle

Au moment des chaleurs, la femelle est beaucoup plus nerveuse et vous devrez faire face aux souillures durant 3 semaines, et ce deux fois par an. Si vous ne souhaitez pas la faire accoupler, vous devrez surveiller de près votre femelle soit l'enfermer car elle va attirer les mâles des alentours, c'est une période où les chiens sont programmés pour s'accoupler, leur ingéniosité et détermination sont sans limite.

Une femelle qui n'a pas de portée et qui n'a pas eu de stérilisation peut faire des grossesses nerveuses avec montée de lait et ce, à chaque fin de période de chaleurs. Une stérilisation limite le risque de cancer mammaire et des organes génitaux. Un animal qui a de l'exercice physique quotidien, une bonne alimentation contrôlée avec une sélection des friandises conservera sans difficulté son poids.

L'hygiène

Comme vous, le chien a besoin de soins et d'être entretenu pour son bien-être, pour le vôtre et pour celui de votre entourage.

Le Poil

Un chien perd son poil plusieurs fois par an en fonction des saisons notamment, il est important de le brosser tout particulièrement durant ces périodes afin de retirer le poil mort et d'aérer son poil, il aimera ce moment passé avec vous et en même temps cela vous permettra de vérifier toute anomalie (blessures, parasites par exemple).

Je conseille de toujours brosser régulièrement votre animal, un poil aéré aura toujours une meilleure odeur qu'un poil non brossé, et tout spécialement pour les chiens à poils longs. Si votre chien a un jardin, son poil s'aèrera dans le vent mais ne vous dispensera pas du brossage !

Effectuez le brossage dans le sens du poil, avec fermeté mais en douceur attention de ne pas irriter la peau de votre animal, le choix de la brosse se fait en fonction du poil du chien. S'il a des nœuds, ne tirez pas dessus mais démêlez le poil délicatement, avec vos doigts et si vous coupez du poil, soyez vigilants de ne surtout pas le blesser, dans le doute abstenez-vous ; la pointe des ciseaux toujours en extérieur pour éviter toute blessure et mettez vos doigts pour éviter toute erreur. Au besoin utilisez du talc que vous achetez en pharmacie. Le talc absorbera le sébum et facilitera le démêlage.

Pour les chiens à poils courts, le choix de la brosse est essentiel, une brosse douce est indispensable et même s'il a un poil court, il appréciera un petit brossage/massage, c'est un moment d'attention.

Les chiens qui ont un poil long et épais, demandent plus d'entretien, parfois lorsqu'ils font leurs besoins, ils se retrouvent avec le poil sale, un chien habitué à être propre n'apprécie pas...

Lors du brossage, je lui fais un petit toilettage et je coupe soigneusement le poil de mon animal, cela prend peu de temps et le résultat est garanti. Tenir toujours les ciseaux avec la pointe vers l'extérieur pour ne pas blesser l'animal, en cas d'hésitation et de doute abstenez-vous.

Si votre chien a les poils qui retombent devant les yeux, laissez-les... ne lui dégagez pas les yeux, il est habitué ainsi et les poils le protègent de la luminosité à laquelle il n'est pas habitué. La nature fait bien les choses.

Le nettoyage

Le poil du chien est recouvert de sébum comme nos cheveux et c'est une protection. Si vous nettoyez votre chien avec un shampoing, il faudra environ trois semaines à ce sébum pour recouvrir les poils et durant ce temps, s'il pleut et que votre chien reste dans le jardin, la pluie pénètrera dans son poil lui mouillant la peau, et vous augmenterez le risque de maladie. Comme vous, si vous vous nettoyez les cheveux trop souvent, vous perdrez ce soyeux et cette protection naturelle et cela rend vos cheveux plus fragiles et moins beaux à long terme.

Que faire s'il se roule dans de la boue ? Vous pouvez le laver à l'eau claire sans shampoing, le sécher et le brosser ensuite, vous pouvez également attendre qu'il soit sec et le brosser ensuite, bien sûr c'est une opération plus délicate en appartement ! Si vous allez à la mer, il faudra le rincer à l'eau claire pour lui ôter le sel. Dans tous les cas, je vous recommande un brossage régulier.

Si vous devez utiliser un shampoing, prenez un shampoing pour chien, naturel, et le moins odorant possible. Si vous nettoyez votre chien, lavez-le à l'eau tiède/chaude mais surtout pas froide et encore moins l'hiver.

Les oreilles

Les oreilles du chien sont à vérifier et à nettoyer également. Pour ma part, je les vérifie chaque fois que je le brosse, je lui enlève parfois des brindilles et de la boue lorsqu'il a creusé des trous, et j'utilise des lingettes humides non parfumées.

Il s'agit ici d'un nettoyage simple de l'oreille externe, en cas d'otite ou d'allergie, une visite chez votre vétérinaire s'impose.

L'oreille du chien est différente de la nôtre n'utilisez pas de coton tige mais plutôt une lotion auriculaire. Vous en trouverez chez votre vétérinaire. Ce dernier vous conseillera en même temps sur la façon de procéder si nécessaire.

Les yeux

Comme les humains, les chiens ont des salissures aux coins des yeux, principalement les chiens de petites races qui ont les canaux lacrymaux qui se bouchent, il est important de nettoyer délicatement les yeux de votre animal, ne tirez pas sur les poils, il n'appréciera pas !

Vous pouvez pour cela humecter un tissu propre et fin ou une compresse stérile d'une tisane de camomille tiède ou d'un sérum physiologique, vous en trouverez en dosettes.

Le nettoyage se fait du coin de l'œil vers l'extérieur. Il faut éviter le coton (des filaments pourraient s'accrocher aux cils) et les essuis tout de cuisine en papier (ils contiennent des fibres de verre ce qui irriterait l'œil)

Si vous habituez votre chien, il ne bougera pas, s'il a les yeux un peu rouges, la camomille calmera l'irritation, en cas de persistance et d'inflammation marquée, allez voir votre vétérinaire, ne lui administrez rien sans avoir consulté votre vétérinaire.

Les griffes

Un chien qui vit dans la nature ou dans un jardin, marche, fait des trous et use ses griffes.

Si ce n'est pas le cas, alors vous devrez les vérifier et au besoin les couper, il existe des pinces pour les griffes des chiens, mais si vous n'avez pas l'habitude, je vous conseille de le faire faire, la première fois, par votre vétérinaire et de lui demander conseil, si vous coupez trop court, vous allez le blesser, lui faire mal et il va saigner et vous aurez des difficultés pour répéter cette opération sur les quatre pattes. Prudence donc.

Il existe également des petites meuleuses, efficaces et qui ne font pas beaucoup de bruit, c'est un outil très pratique, facile d'utilisation et sans risque, il suffit d'habituer votre animal au très léger bruit.

Les griffes coupées garantissent la stabilité de la patte de votre chien.

Les dents

Les dents du chien doivent être également vérifiées, le brossage est préconisé mais ce n'est pas toujours très facile. Le plus simple est de demander à votre vétérinaire de contrôler ses dents lors d'une de vos visites et si c'est nécessaire, comme ce le fut pour un de mes chiens, prévoyez un détartrage avec soin si besoin. Eux aussi peuvent souffrir de maux de dents, surtout pour les chiens qui ont souffert de carences alimentaires.

Une bonne alimentation équilibrée et adaptée réduit la formation du tartre. Quant aux friandises dites pour nettoyer les dents, elles sont à proscrire car elles sont composées essentiellement de glucides.

Des solutions bucco-dentaires sont proposées pour rafraichir l'haleine de votre animal mais vérifiez bien la composition encore une fois et éviter tout produit contenant du xylitol qui est une substance tolérée en Europe mais toxique pour les animaux.

Prévention des tiques, puces & leishmaniose

La prévention des parasites est essentielle. J'utilise pour mes chiens un mélange d'huiles essentielles : tea tree - lavande – menthe poivrée, à raison de 10 gouttes de chaque huile pour un volume d'eau de 150 ml et un volume de vinaigre blanc de 20 ml.

Prendre soin de protéger les parties sensibles de l'animal telles que les yeux, les oreilles ou les muqueuses et de le vaporiser en extérieur et écartant bien son poil. Le résultat a été très satisfaisant et mes animaux ont passé un été sans petite bête indésirable.

Les animaux apprécient que leur maître s'occupe d'eux, prenez le temps de prendre soin de votre chien, c'est créer un lien avec lui, faites-en sorte que ce moment soit un moment privilégié, de complicité et de câlins, votre chien vous en sera reconnaissant et vous rendra la tâche facile.

Il existe de nombreux produits pour protéger nos animaux, les produits chimiques sont des produits à risque, parfois très toxiques voire mortels pour nos amis à 4 pattes.

Vermifuger son chien

Il est recommandé de vermifuger son chien au moins deux fois par an. Un chiot sera vermifugé plus souvent car il aura tendance à manger tout ce qu'il trouve. C'est au maître d'établir la fréquence des prises de vermifuge en fonction du chien et des circonstances.

Je préconise un vermifuge efficace et naturel non agressif pour l'animal. La terre de diatomée, non calcinée, de qualité alimentaire, possède de nombreuses qualités. Je l'utilise comme vermifuge pour mon chien et mes chats, elle est facile à utiliser et surtout bien acceptée en poudre, mélangée à la nourriture. Mes chats, plutôt récalcitrants, l'absorbent dans une pâtée sans aucun problème.

La terre de diatomée est également un excellent antiparasite externe et elle est parfaitement tolérée par mes animaux et surtout efficace, il faut prendre quelques précautions car la poudre est très volatile donc bien sûr éviter les parties sensibles de l'animal comme les yeux et mon chien adore ce papouillage pour la circonstance.

LELOGIS DE LA PETITE MEUTE

L'alimentation

L'alimentation joue un rôle aussi important chez les animaux que chez les humains, dans leur développement, dans l'évolution de leur vie, de leur santé et de leur bien-être au quotidien. Nombre de difficultés de comportement des chiens que nous rencontrons sont liées en tout ou partie à l'alimentation.

Bien nourrir son chien est donc essentiel mais quels sont les différents facteurs à prendre compte ? Doit-on par exemple donner des croquettes pour les animaux ou est-il préférable de donner une préparation maison. Je ne traiterai brièvement ici que des croquettes car le sujet serait trop vaste.

Il est cependant important de dire ici un mot sur les croquettes car les bonnes croquettes sont difficiles à repérer or la plupart des maîtres nourrissent leurs animaux avec des croquettes.

Quels sont les paramètres à considérer pour bien nourrir son chien ?

- **Race du chien**
- **Nature du chien** : calme, actif, hyperactif, sédentaire, nerveux, stérilisé, chien de travail (à définir), chien de traineaux...
- **Stade d'Evolution du chien** : femelle en gestation, chiot et stade du sevrage, étapes de croissance, chien adulte ou vieillissant, chien de travail...
- **Etat de santé** : un chien qui présente une pathologie doit recevoir une alimentation appropriée.
- **Circonstances climatiques**.

Vous trouverez sur le marché : grandes surfaces, jardineries et aussi chez les vétérinaires de nombreux produits pour chiens et chats. Soyez vigilants les croquettes sont de qualités très variées !

Après analyse, il s'avère que beaucoup de croquettes sont tout bonnement toxiques pour nos poilus quand elles sont élaborées à partir :

- De sous-produits de viande issus des abattoirs et des sites d'équarrissage utilisant, les carcasses, les viscères, les têtes, les pattes, cous, becs... et tout cadavre d'animaux.
- De sous-produits végétaux issus de farine de maïs, blé, betterave, produits déclassés pour cause d'une qualité médiocre et d'un stockage hasardeux.

Après un savant procédé de cuisson à haute température, mixage, broyage et autres, sont rajoutés les vitamines et minéraux qui ont été détruits dans la fabrication des croquettes ! Pensez-vous que les besoins nutritionnels de votre chien sont alors correctement couverts ? C'est triste mais la réponse est non.

Lorsque que l'on calcule le taux de glucides avec la méthode toute simple que je donne plus loin, on découvre que celui-ci est très souvent beaucoup trop élevé.

Quelle est la solution ?

1 - Calculer le taux de glucides contenu dans les croquettes, c'est un taux que la réglementation n'exige pas des fabricants de croquettes sur l'étiquetage des sacs, voici donc le calcul en pourcentages :

Glucides = 100 - [Protéines + matières grasses + cendres brutes (matières minérales ou inorganiques, par défaut 8%) + fibres (cellulose brute, par défaut 3 %) + humidité (par défaut 10 %)].

Le résultat obtenu ne doit pas dépasser 25 %.

Gardons à l'esprit que le chien est avant tout un carnivore et qu'il a besoin de protéines.

2 - Identifier les ingrédients qui composent les croquettes, plus il y a de précision, meilleure sera la qualité des croquettes. C'est à dire identifier les viandes et les morceaux utilisés (poulet, canard, agneau, cuisse, foie...), même procédé pour les poissons (harengs, saumon...) et les graisses animales (poulet, saumon...).

Quelles sont les conséquences d'un déséquilibre ?

Trop de glucides : un animal nourri essentiellement de croquettes sera exposé à un risque de pancréatite sans compter les autres troubles physiologiques tels le diabète, l'obésité, l'insuffisance rénale, l'arrêt cardiaque...

Les sous-produits végétaux sont sources de contamination aux mycotoxines, pesticides, insecticides et métaux lourds.

Diminution de l'espérance de vie de nos compagnons et durant leur vie... une qualité de vie médiocre.

Mais attention, on ne change pas les croquettes de son animal du jour au lendemain !

Il est indispensable de respecter des paliers pour descendre progressivement ces taux de glucides auxquels nos mascottes peuvent être habituées.

Il est évident que la meilleure façon de nourrir son chien c'est de l'alimenter avec une nourriture fraiche cuite appelée Ration Ménagère (RM) ou crue nommée BARF (*Biologically Appropriate Raw Feeding*). Dans les deux cas c'est une alimentation composée majoritairement de viandes et abats variés de qualité (avec os charnus pour le BARF), de graisse animale, de légumes et de fruits, et sera assortie des compléments alimentaires indispensables pour assurer un bon équilibre à votre chien. Une ration RM ou BARF carencée nuira à votre poilu.

Préparer les repas de votre chien avec une véritable nourriture cuite ou crue n'est pas si compliqué, il suffit d'organiser ses achats via un grossiste, avoir une unité de stockage et de planifier la préparation des repas de votre loulou.

Votre chien sera fou de joie de manger une gamelle que vous lui aurez composée et sa santé physique, émotionnelle et psychologique sera assurément excellente.

LE LOGIS DE LA PETITE MEUTE

CONCLUSION

Vivre avec un animal est un choix, votre choix… et vous engage jusqu'au bout du chemin de vie de votre chien. C'est une merveilleuse aventure, il se peut que vous rencontriez des difficultés, je ne connais personnellement aucun chemin sans obstacle. Réaliser une éducation minimale de votre animal est essentiel en veillant à son bien-être et à son équilibre. Un problème de comportement n'est rien d'autre qu'un animal qui vous communique son inconfort, son anxiété ou sa souffrance… Si vous ne savez pas décoder les signaux, votre vie et celle de votre animal peuvent facilement devenir un enfer.

Si vous vous retrouvez dans un de ces cas de figure ou si vous pensez que vous n'avez plus de solution, ne vous résignez pas et contactez :

Le Logis de la Petite Meute
https://www.lelogisdelapetitemeute.acatl.fr/
ou moi-même: ktydogs@gmx.fr

Ensemble, nous rétablirons l'équilibre et l'harmonie pour votre chien et dans votre maison.

LE LOGIS DE LA PETITE MEUTE

ANNEXE 1 : OUVRAGE DU MEME AUTEUR

Plantes toxiques pour nos chiens et nos chats
Catherine Chambaretaud

Ce livre sera un auxiliaire précieux au jardin comme en appartement. Il nous apprend brièvement à réagir à une intoxication de nos animaux par les plantes puis de façon plus détaillée à prévenir celle-ci en nous aidant à identifier les plantes courantes dangereuses présentes dans nos jardins et nos appartements.

Parmi les différentes origines d'intoxication de nos animaux de compagnie, les plantes arrivent en 3ème position avec 14 % après les médicaments et les pesticides. A égalité avec les Produits Industriels et Domestiques.

Parce qu'un nom de plante n'est pas toujours éloquent, vous trouverez pour chaque plante, une photo la représentant, un bref descriptif, les caractéristiques de floraison, la famille à laquelle elle appartient, le principe toxique et les symptômes les plus évidents. En route pour un tour du jardin toxique afin de commencer à apprendre à identifier ce danger si anodin en apparence et pourtant si proche de nous.

ANNEXE 2 : APPORTS ACADEMIQUES

Université d'Edimbourg, UK

Behaviour and Welfare Animal –
Comportement et bien-être animal

Professeur **Nat Waran,** Honorary Professor & Founding Director, JMICAWE, Centre Jeanne Marchig du Bien-être Animal

Dr **Heather** Chirurgien Vétérinaire à l'Université d'Édimbourg, au Centre Jeanne Marchig d'Éducation du Bien-être Animal.

Dr **Fritha Langford** Directrice du programme Master en ligne sur l'Éthique et les Lois Internationales du Bien-être Animal, à l'Université d'Édimbourg Chercheuse en science du bien-être animal au Scotland's Rural College

Dr **Jill Mackay** Scotland's Royal College Chercheuse sur le comportement et le bien-être animal.

Le bien-être des animaux comprend d'importantes dimensions scientifiques, éthiques et culturelles. L'amélioration de notre compréhension du bien-être animal implique une étude du comportement des animaux ainsi que le défi d'accéder aux émotions des animaux. Etudes réalisées avec des chiens, chats, petits animaux domestiques, animaux de ferme et animaux sauvages en captivité.

Histoire & concepts du bien-être animal / Contribution scientifique à l'amélioration du bien-être animal / Evaluation du comportement et du bien-être animal / Impact des premiers évènements de la vie sur la réactivité au stress chez les animaux.

Université d'Edimbourg, UK

The Truth about Cats and Dogs –
La vérité au sujet des chats et chiens
Professeur **Nat Waran,** Honorary Professor & Founding Director, JMICAWE, Centre Jeanne Marchig du Bien-être Animal à l'Université d'Édimbourg.
Dr. **Amy Miele** Vétérinaire spécialisé sur le comportement animal Université Edimbourg.
Dr **Heather** Chirurgien Vétérinaire à l'Université d'Édimbourg, au Centre Jeanne Marchig d'Éducation du Bien-être Animal.

Comprendre le comportement du chien et du chat et déterminer leur façon de communiquer.
Ethologie des chiens et des chats
Comment les chiens et les chats communiquent-ils
Adaptation des chiens et des chats à un environnement déterminé
La relation des chiens et des chats avec les humains.

Université de Duke, USA

Dog Emotion and Cognition –
Emotion du chien et Cognition

Dr Brian Hare Professeur d'Anthropologie Evolutionniste – Fondateur du Duke Cognitive Center - *Auteur de The Genius of Dogs*

Nouvelles approches de la psychologie canine et découvertes sur la façon dont les chiens pensent, ressentent et perçoivent des émotions.

La cognition à travers les âges
Comment la biologie étudie l'évolution cognitive
Le rôle de l'expérimentation scientifique
Les races et leur rôle dans la cognition et l'agression.

Dr Brian Hare

Académie d'Edimbourg, UK
Dan Morgan Fondateur

Pet Psychology
Psychologie pour animaux de compagnie Chiens et Chats

Comment les animaux perçoivent le monde
Processus émotionnels et motivationnels - Emotions sociales
Comportements psychiatriques : Peurs - phobies et agressions
Surveillance bio-comportementale

Pet Nutrition
Nutrition pour animaux de compagnie Chiens, Chats, Poissons, Reptiles, Rongeurs et Oiseaux

Identification des types d'aliments et régimes chez les animaux domestiques
Pourquoi la nutrition est vitale pour les animaux
Tonus musculaire et condition physique
Le système digestif, élimination, immunité et prévention des maladies

Pet First Aid
Secourisme pour animaux de compagnie Chiens et Chats

Anatomie et examen des animaux domestiques
Vérification des signes vitaux
Traitements d'urgence : Brûlures - étouffement - noyade – hypothermie...
Procédure de manipulation et de contention d'urgence

Direction Départementale de la Protection des Populations DDPP France
Arrêté du 16 juin 2014

Attestation de Connaissances des Animaux de Compagnie
Espèces Domestiques
ACACED n°2019/94ᵉ9-6518 Domaine Canin
Ministère de l'Agriculture et de l'Alimentation

Besoins physiologiques des animaux
Besoins biologiques
Besoins comportementaux

Entretien des animaux domestiques.

www.acatl.fr